Für

_____

Von

_____

No. 7
Schöner lesen!

FSC
www.fsc.org

MIX
Papier aus verantwor-
tungsvollen Quellen
FSC® C144853

ISBN 978-3-649-63824-7
© 2021 Coppenrath Verlag GmbH & Co. KG
Hafenweg 30, 48155 Münster, Germany
Illustrationen: Kristina Labs
Grafische Gestaltung: Daniela Lengers, Laer
Redaktion: Nina Sträter
Alle Rechte vorbehalten

www.coppenrath.de

VIEL GLÜCK AUF ALLEN WEGEN

Irische Segenswünsche

COPPENRATH

MÖGE

DER NEUE TAG

DIR DEN BLICK

FÜR DIE SCHÖNHEIT

DER WELT

SCHÄRFEN.

Das Jahr soll dich

reichlich beschenken

mit Veilchen im Frühling,
mit Bienengesumm im Sommer
und mit rotwangigen Äpfeln im Herbst.
Der Winter aber schenke dir
die Kraft der Stille.

Ich wünsche dir,
dass du die kleinen Wegweiser des Tages
nie übersiehst.

Mögest du bei jedem Erwachen
eine Stimme hören, die zu dir spricht:
Heute wird dir etwas

Gutes widerfahren.

Jeder Tag soll dir
strahlende glückliche Stunden bringen,
die das ganze Jahr bei dir bleiben.

Möge das erste gute Wort,
das du am Morgen sprichst,
eine Brücke sein
in den jungen Tag.

Ich wünsche dir die

Fröhlichkeit

eines Vogels
im Ebereschenbaum am Morgen,
die Lebensfreude eines Fohlens
auf der Koppel am Mittag,
die Gelassenheit eines Schafes
auf der Weide am Abend.

Mögest du alles, was du tust,
aus Überzeugung und
mit dankbarem Herzen tun.

Möge der Regen
an den Fensterscheiben
dich nicht von deinen
guten Vorsätzen abhalten,
auch nicht der Sturm
in den Bäumen.

Stehe nach Möglichkeit
mit allen auf gutem Fuße,
aber gib dich selbst dabei nicht auf.

Sage deine Meinung

immer ruhig und klar,
und höre auch die anderen an.
Selbst die Dummen –
auch sie haben ihre Geschichte.

Ich wünsche dir,
dass dich das Leben lehrt,
dir selbst ein guter Freund zu sein.

Mögen die Grenzen,
an die du stößt,
einen Weg für deine Träume
offenlassen.

Lebe so,
dass du das Leben zu nutzen verstehst.

Ich wünsche dir
die zärtliche Ungeduld des Frühlings,
das milde Wachstum des Sommers,
die stille Reife des Herbstes
und die Weisheit
des erhabenen Winters.

Wie Wolken,
die sich
am Himmel türmen,
soll dein Vertrauen
in dich selbst
wachsen.

Nimm dir Zeit, um nachzudenken,
es ist die Quelle der Kraft.
Nimm dir Zeit, um zu spielen,
es ist das Geheimnis der Jugend.
Nimm dir Zeit, um zu lesen,
es ist die Grundlage des Wissens.
Nimm dir Zeit, um freundlich zu sein,
es ist das Tor zum Glück.
Nimm dir Zeit, um zu träumen,
es ist der Weg zu den Sternen.
Nimm dir Zeit, um zu lieben,
es ist die wahre Lebensfreude.
Nimm dir Zeit, um froh zu sein,
es ist die Musik der Seele.

Geh deinen Weg ruhig
inmitten von Lärm und Hast –
die Stille schenkt dir Frieden.

Nimm dir Zeit,
die stillen Wunder zu feiern,
die in der lauten Welt
keine Bewunderer haben.

Zeit ist das begrenzteste Mittel,
das du zur Verfügung hast.
Deshalb nimm dir Zeit,
den Duft der Rosen zu genießen.

Der Samen,
den du ausgebracht hast,
soll dir hundertfach Frucht bringen,
tausendfach jedoch der,
den du mit anderen teilst.

Webe deine Gedanken
zu einem bunten Tuch, das dich erfreut
und andere wärmt.

Wen du auch triffst,
wenn du über die Straße gehst,
ein freundlicher Blick von dir
mache ihn froh.

Ich wünsche dir,
dass es in deinem Leben
keine verschenkten Tage gibt,
aber viele,
die du anderen schenkst.

Ich wünsche dir,
dass du arm bist an Unglück und reich an Segen,
langsam im Zorn, schnell in der Freundschaft.
Doch ob arm oder reich, langsam oder schnell,
nur das Glück sei von heute an dein Begleiter.

Die Sonne möge dich überstrahlen
und dein Herz erwärmen,
bis es glüht wie ein großes Feuer,
zu dem der Fremde gerne kommt,
um sich zu wärmen.

Wärme

Ich wünsche dir die Gabe,
denen Freude zu schenken,
die dich gernhaben.

Wo immer jemand
freundlich lächelt,
hoffe, dass sein Lächeln dir gilt.

Möge der Reichtum der Felder
deine leeren Scheunen füllen,
der Reichtum deiner Worte
die hungernden Herzen.

Ich wünsche dir,
dass dein Arm nicht erlahmt,
wenn du die Hand zur Versöhnung ausstreckst,
dass dein Fuß nie müde wird,
wenn du auf deinen Widersacher zugehst.

Du sollst immer einen *Freund* haben,
der es wert ist, so zu heißen.

Deine Augen
sollen vor Freundlichkeit leuchten
wie Weglichter in der Nacht,
dein Herz soll jedes kalte Gemüt erwärmen.
Reiche deine Hände denen,
die zu fallen drohen,
so komme Segen über dich und die Deinen.

MÖGEST DU

IMMER EINEN FREUND

AN DEINER SEITE HABEN,

DER DIR VERTRAUEN GIBT,

WENN ES DIR

AN LICHT UND KRAFT FEHLT.

DAS EBENBILD

Ein König in einem fernen Land hatte zwei prächtige Jagdhunde geschenkt bekommen. Auf ihrer Erkundungstour durchs Schloss liefen die beiden durch alle Flure und Räume des Palastes.

Der erste kam in einen Saal, der über und über mit funkelnden Kristallspiegeln ausgekleidet war. Wie erschrak er, als er sich plötzlich von unzähligen Jagdhunden umringt sah! Wütend fletschte er die Zähne und unzählige Hunde fletschten ebenfalls die Zähne. Knurrend und bellend begann er, im kreisrunden Saal herumzurennen, und alle Vierbeiner jagten ihm nach. Da

hetzte er in seiner ohnmächtigen Wut immer weiter im Kreis herum, verfolgt von Hunderten seiner Ebenbilder, bis er zusammenbrach.

Kurz darauf kam der zweite Jagdhund in den Spiegelsaal. Auch er sah rundherum Hunderte seiner Ebenbilder, aber er freute sich daran, wedelte mit dem Schwanz und sprang übermütig hin und her. Als er weiterlief, war er überzeugt, dass die Welt voller netter, freundlicher Jagdhunde sei, die ihm wohlgesonnen waren.

WEISHEITSGESCHICHTE AUS IRLAND

Mögest du immer einen Blick haben
für das Sonnenlicht,
das durch deine Fenster scheint,
mögest du den Staub vergessen,
der auf deinen Scheiben liegt.

Immer soll der Sonnenschein
dich begleiten
und die Gewissheit in deinem Herzen sein,
dass ein Regenbogen dem Regen folgt.

Das Grün der Wiesen
erfreue deine Augen,
das Blau des Himmels
überstrahle deinen Kummer,
die Sanftheit der kommenden Nacht
mache alle dunklen Gedanken unsichtbar.

Mögest du
den tiefen Frieden
im Rauschen
der Wellen
erfahren.

Mein Wunsch für dich ist,
dass du mutig weitergehst,
wenn der hohe Gipfel vor dir
unerreichbar scheint
und selbst das Licht der Hoffnung
schwindet.

Ich wünsche dir,
dass dich das Unerfüllte
in deinem Leben nicht erdrückt,
sondern dass du dankbar sein kannst
für das, was dir an
Schönem gelingt.

Bedenke,
dass die Enden des Regenbogens
in der Erde zu Hause sind,
der Bogen aber
die Weite des Himmels überspannt.

Mögest du die Welt
ungezwungen und leichtnehmen,
und möge die Welt es mit dir
ebenso tun.

Erfahre die Zeiten der Einsamkeit
nicht als versäumtes Leben,
sondern entdecke beim Hineinhorchen
in dich selbst
noch Unerschlossenes in dir.

MÖGE

JEDER TAG

DEINES LEBENS

SO HELL

WIE NUR MÖGLICH

SEIN.

Die Sonne
küsse dich zärtlich
und ihr Licht durchflute dich.

Ich wünsche dir, dass du lebst,
als wäre die Welt ein

Paradies.

Mögest du immer
ein Lied in deinem Herzen haben,
ein Lächeln auf deinen Lippen tragen
und nichts als Freude
in deinen Händen halten.

Möge dein Tag
durch viele kleine Dinge
groß werden.

Glücklich sein ist wie eine
herrliche Süßspeise.
Möge dir das Leben mehr davon geben,
als du je aufessen kannst.

Möge dir jeder Tag,
der kommt,
eine besondere Freude bringen,
die dein Leben heller macht.

Wo immer
das Glück
sich aufhält –
hoffe, ebenfalls
dort zu sein.

Mögest du warme Worte
an einem kalten Abend haben,
Vollmond in einer dunklen Nacht
und eine sanfte Straße
auf dem Weg nach Hause.

Der Morgen begrüße dich voll Sonne.
Der Mittag soll dich so freundlich stimmen,
dass du am Abend zufrieden
auf dein Tagwerk zurückblicken kannst.
Die laue Nacht aber soll dich
mit erquickendem Schlaf beschenken.

Ich wünsche dir, Ruhe zu finden,
wenn der Tag sich neigt
und deine Gedanken noch einmal
die Orte aufsuchen,
an denen du heute Gutes erfahren hast.
Auf dass die Erinnerung dich wärmt
und gute Träume
deinen Schlaf begleiten.

Möge die Nacht ein
sanftes Ruhekissen
für deine Seele sein.

Möge die *Freude*
dein Herz erwärmen,
wenn du an deine Arbeit gehst.

Wenn du strauchelst,
weil dir die Arbeit zu schwer wird,
soll die Erde tanzen,
um dir das Gleichgewicht wiederzugeben.

Möge dir die Arbeit
immer flott von der Hand gehen.
Nicht minder eifrig sei deine Hand,
wenn sich eine andere um Hilfe
nach der deinen ausstreckt.

ICH WÜNSCHE DIR

IMMER EINEN

HEITEREN HIMMEL

ÜBER ALLEM,

WAS DU GERNE TUST,

ÜBER DEN DINGEN,

DIE DU LIEBST.

Wo immer die Sonne
aus den Wolken hervorbricht,

hoffe,

dass sie besonders für dich scheint.

Mögen deine Gedanken
manchmal mitten am Tag
auf eine Reise gehen,
in ferne Welten eintauchen,
fremd und verlockend,
bunt und schön.

Ich wünsche dir,
dass deine Gedanken
so fröhlich sind
wie die irischen Kleeblätter.

Möge der *Sonnenschein*
deinem Gesicht
viel Glanz und Wärme geben.

Mögen der Frühtau auf den Wiesen
und der erste Sonnenstrahl der Morgensonne
einen glücklichen und freundlichen
Menschen antreffen.

*D*ie kleinen Blumen
sollen zu blühen beginnen
und ihren lieblichen Duft ausbreiten,
wo immer du gehst.

Der große Regen
soll deinen Geist erfrischen,
dass er rein und glatt wird wie ein See,
in dem sich das Blau des Himmels spiegelt
und manchmal ein Stern.

Alle deine Himmel
sollen blau sein,
alle deine Träume
sollen wahr werden,
alle deine Freunde
sollen wahrhaft wahre Freunde
und alle deine Freuden
vollkommen sein,
Glück und Lachen
sollen alle deine Tage ausfüllen –
heute und immerzu.

Ja,

alle deine Träume
sollen sich erfüllen.

Geh
mit der Zeit,
aber komm
von Zeit zu Zeit
zurück!

Mein Wunsch für dich ist,
dass du in deinem Herzen dankbar
all die kostbaren Erinnerungen
an dein Leben bewahrst.

Wie ein *Blumenstrauß*
sollen die Jahre des Lebens für dich sein,
eine Vielfalt der Farben und Gefühle.

Nimm die Zahl deiner Jahre
mit Freundlichkeit an
und gib deine Jugend mit Anmut zurück,
wenn sie endet.

Mögest du die
Fußstapfen des Glücks
finden und ihnen
auf deinem Weg folgen.

Denk immer daran,
die Dinge zu vergessen,
die dich traurig machen,
aber niemals die Dinge,
die dich glücklich machen.

Ich wünsche dir,
dass du tanzt,
als würde keiner hinschauen.
Ich wünsche dir,
dass du singst,
als würde keiner zuhören.

Möge der Wind
dir den Rücken stärken.

Zuversicht

DAS GLÜCK IN DER HAND

Es lebte einmal ein Earl, der wurde sehr, sehr alt, weil er ein Lebensgenießer in Vollendung war. Er verließ niemals das Haus, ohne eine Handvoll Bohnen einzustecken. Er tat das, um die schönen Momente des Tages bewusst wahrzunehmen und sie besser zählen zu können.

Für jede positive Kleinigkeit, die er tagsüber erlebte – zum Beispiel einen fröhlichen Plausch auf der Straße, eine blühende Blume, das Lachen eines Kindes, ein Glas

guten Weines – für alles, was die Sinne erfreut, ließ er eine Bohne von der rechten in
die linke Jackentasche wandern.

Abends saß er zu Hause und zählte die
Bohnen aus der linken Tasche, er zelebrier-
te diese Minuten förmlich. So führte er sich
vor Augen, wie viel Schönes ihm an diesem
Tag widerfahren war, und freute sich.

Sogar wenn er bloß eine Bohne zählte, war
der Tag gelungen – es hatte sich zu leben
gelohnt.

WEISHEITSGESCHICHTE

Möge das *Feuer* in deinem Herd
auch in der dunkelsten aller Nächte
nie verlöschen.

Jeder Tag hat zwei Hälften.
Ich wünsche dir,
dass du keine der anderen vorziehst.

Mögest du leben,
so lange du willst,
und es wollen,
so lange du lebst.

MÖGE DICH

NIE DAS GEFÜHL

BESCHLEICHEN,

EINEN TAG

NUTZLOS VERBRACHT

ZU HABEN.

Möge das,
was du dir
am meisten wünschst,
das Geringste sein,
das du
bekommst.

Möge
die Straße uns zusammenführen
und der Wind in deinem Rücken sein;
sanft falle Regen auf deine Felder
und warm auf dein Gesicht der Sonnenschein.

Führe die Straße, die du gehst,
immer nur zu deinem Ziel bergab;
hab, wenn es kalt wird, warme Gedanken
und den vollen Mond in dunkler Nacht.

Ich wünsche dir,
dass du stets in das Gesicht
einer guten Nachricht
und auf den Rücken
einer schlechten Nachricht schaust.

Alle deine Wünsche
sollen sich erfüllen –

außer einem

sodass du immer etwas hast,
wonach du streben kannst.

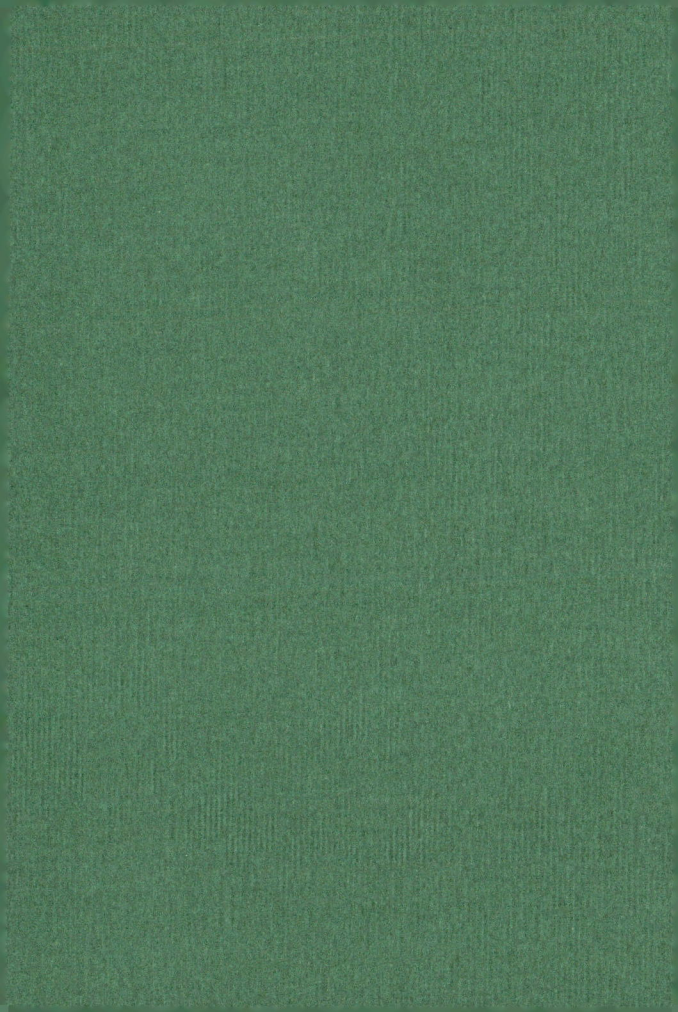